AF360083

LES BIENFAITS

DU

SOMMEIL.

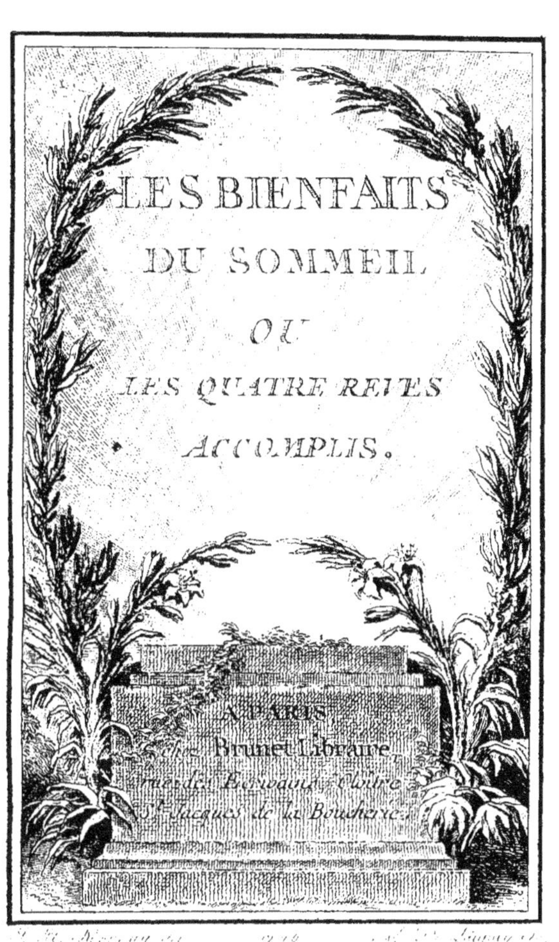

LES BIENFAITS
DU SOMMEIL
OU
LES QUATRE REVES
ACCOMPLIS.
A PARIS
chez Brunet Libraire
rue des Ecrivains, Cloître
St Jacques de la Boucherie.

LES BIENFAITS
DU SOMMEIL;
OU
LES QUATRE RÊVES
ACCOMPLIS.

Tant que l'homme jouit des faveurs du Deftin,
La moitié de fa vie eft en proie aux menfonges.
Moi, j'en perds les trois quarts ; & du foir au matin
Je ne fais qu'un voyage au Royaume des Songes.
Sans fortir de mon lit, & repofant en paix,
De combien d'Océans j'ai traverfé les ondes !
J'ai vu, les yeux fermés, bien plus de nouveaux mondes,
Que n'en a vu Colomb, qu'on n'en verra jamais.
Oh ! que d'événements inconnus déformais
    Ont fignalé mes courfes vagabondes !

A ij

Si j'en avois écrit l'histoire à mon réveil,
Bien plus volumineux seroit, je le parie,
　　　Le Roman de mon sommeil
　　　Que le Roman de ma vie.
Et quand des feux du jour le Ciel est émaillé,
(Car toujours nôtre cœur revient à ce qu'il aime)
　　　Plus d'une fois, malgré moi-même,
　　　Je rêve encor tout éveillé.

Toujours même succès n'a pas suivi mes Songes ;
Mais j'y goûte souvent d'aimables voluptés.
Par fois, ô Courtisans, amants des dignités,
Je ne donnerois pas un seul de mes mensonges
　　　Pour vos plus douces vérités.
Or, je veux vous narrer, tandis qu'à pleins voiles
Vos nefs vont parcourir l'Océan de la Cour,
　　　Quatre Songes que, tour à tour,
　　　M'a portés dans ses sombres voiles
La Déesse au teint noir, si propice à l'Amour,
Et qui, dans son Palais, inaccessible au jour,
N'use pour s'éclairer que du feu des étoiles :
　　　Songes divers ; mais qui m'ont étonné
Par un air de famille où l'on peut se méprendre.
En vous les racontant, puissé-je ici vous rendre
　　　Tout le plaisir qu'ils m'ont donné !

✱

SONGE PREMIER.

Je reposois, de pavots enivré.
   De l'Aube à mes yeux renaiſſante,
   La clarté vive & jailliſſante
  Reſplendiſſoit ſous un Ciel azuré ;
Quand ſur un Trône d'or ſoudain je vis paroître
Un Roi chéri du Peuple, & craint des Courtiſans,
Et qui ſembloit cacher, en Roi digne de l'être,
La raiſon d'un vieillard, ſous un front de vingt ans,
Et le cœur d'un ami, ſous l'appareil d'un maître.
La Vertu, la Prudence, idoles de ſon cœur,
Lui préſentoient un Sage, appui de ſa Couronne,
   Qui ſembloit approcher du Trône,
  Sans deſirer ni craindre la faveur.
Je reconnus alors ce Héros tutélaire
Qui, las des dignités, dédaignant la grandeur,
N'a, pour tant de bienfaits, brigué d'autre ſalaire
   Que le titre de Bienfaiteur.

Tandis que j'obſervois les traits de ſon viſage,
Un autre objet, du Prince attira l'œil ſurpris :
Du ſein d'une auréole, à travers un nuage,
   Brilloit le plus grand des Henris.

Ces deux Rois, au moment où je les vis paroître ,
Ne s'étoient jamais vus , & sembloient se connoître.
        Henri montroit au Prince enorgueilli ,
D'une main , ce Nestor , près du Trône accueilli :
            De l'autre , l'immortel Sully ,
        Sur une tombe assis près de son maître.

            Mais tout-à-coup , par mille échos divers ,
            De cris de joie ont retenti les airs ;
Et j'ai vu , sur les pas d'un bœuf lent & docile ,
S'arrêter à l'envi de sages Laboureurs ;
        Dans les sillons , trempés de leurs sueurs ,
        J'ai vu le soc retomber immobile :
Et des cris répétés par l'écho de la Ville ,
            Ont salué les deux Rois protecteurs.

            Alors le plus jeune Monarque
Qui , d'une main , tenoit ce sceptre redouté
Que n'atteindra jamais le ciseau de la Parque ,
Saisit , de l'autre , un soc qu'il montre avec fierté.
            Sans doute il sait que , du Dieu de la guerre
            En retardant l'homicide réveil ,
Les regards d'un bon Roi fertilisent la terre ,
            Comme les regards du Soleil.

        En parcourant de si douces chimères ,

J'étois surpris & charmé tour-à-tour ;
Et déja pour me fuir, dès l'approche du jour,
Le Sommeil agitoit ses aîles somnifères.
Il me laisse enivré d'objets si gracieux :
L'image de mon Songe envolé vers les Cieux,
 Chere à mon cœur, me fut long-temps nouvelle ;
 Le jour entier s'embellit à mes yeux
 Du souvenir d'une nuit aussi belle.

SONGE SECOND.

Souvent dès le matin ma mémoire infidelle,
Des erreurs de la nuit ne peut m'entretenir ;
De mes Songes menteurs le Sommeil sur son aile
    Emporte jusqu'au souvenir.
De ce dernier pourtant j'ai retenu l'histoire,
Et je désirois bien les Songes à venir
    De l'effacer de ma mémoire.
J'y revenois sans cesse ; & tel qu'un tendre Amant
    Privé de l'objet qu'il adore,
J'aurois voulu pouvoir à tout moment
    L'oublier ou le voir encore.
Qu'un Songe, me disois-je, est prompt à s'envoler ?
    Mais bientôt la Nuit que j'implore,
Par de nouveaux bienfaits revient me consoler.
    Déja ma paupiere baissée
    Nageoit, humide & d'ombres oppressée :
Tous mes sens n'étoient plus. Tout-à-coup à mes yeux
    Un Songe vient offrir encore
    Un Ciel pur & tout radieux
    Des rayons d'une belle Aurore.
    C'étoit encor le même éclat,
Même Trône, où siégeoit le même Potentat.

Mais vis-à-vis, un Temple magnifique
Etaloit à mes yeux des prodiges nouveaux :
De la voûte pendoit un voile symbolique,
Que le Temps entr'ouvroit du tranchant de sa faulx.
Du milieu de ce voile, une Beauté sévère
Déployoit de son front la modeste fierté,
Déesse incorruptible, à la Cour Etrangere :
         C'étoit l'auguste Vérité.
         Alors intrépide, comme elle,
Le Sage, admis la veille au timon de l'Etat,
         Ose dévoiler l'Immortelle
         Aux yeux du jeune Potentat.
         Loin de redouter sa présence,
Le Prince la reçut d'un visage affermi ;
Que dis-je, il la revit d'un œil de complaisance,
         Comme après une longue absence
     Un ami tendre accueille son ami.
On eût dit, en voyant cet accord sympathique,
         Qu'en faveur de l'humanité,
Le Ciel avoit rompu le divorce autentique
         Des Rois & de la Vérité.
     Et la Déesse, orgueilleuse peut-être
         De cet accueil affectueux,
Présentoit au Monarque un Mortel vertueux,
Que mon œil reconnut, & qu'on va reconnoître :
Qui, malheureux par choix, toujours sans repentir,

Autrefois de Thémis l'Apôtre & le Martyr;
    Qui, vainement par la richeffe
    Et par les honneurs combattu ,
  A mieux aimé déchoir par la vertu ,
    Que de monter par la baffeffe.
  Un Sceau royal foudain lui fut remis;
  Et je le vis , défenfeur héroïque ,
Soutenir de fon bras une colonne antique ,
    Où venoient s'enlacer des lys :
Tandis qu'armé d'un glaive , un Ange tutélaire
    Vint de monftres aëriens
    Chaffer une troupe éphémere,
    Peuple vautour des Citoyens,
Qui fuyoit, en hurlant de honte & de colere.
    Leurs regards , malgré la terreur ,
  Même en fuyant, fe tournoient vers leur proie;
  Mais tout un Peuple , à leurs cris de fureur ,
    Répondoit par des cris de joie.

    Quel heureux choix , criai-je émerveillé !
Ah ! puiffe un Roi fi fage échapper à la Parque !
A ces mots , je m'élance aux genoux du Monarque,
    Et fur mon lit je retombe éveillé.

SONGE TROISIEME.

Un peu fâché de mon réveil,
Mais, tout fier de mon songe, en ouvrant la paupiere
Mon premier soin, ma démarche premiere
Fut de chanter un bel hymne au Sommeil.
Oh ! comme mon ame ravie
Bénit ses tranquilles bienfaits !
Que je plaignois la triste vie
Des malheureux qui ne dorment jamais !
Pour moi, cette nouvelle Aurore
Ne fut point heureuse à demi ;
Et mon bonheur, que la Nuit fit éclore,
Fut par deux sentimens, tout le jour, affermi :
Le souvenir d'avoir dormi,
Et l'espoir de dormir encore.

Non jamais, quand, la nuit, un enfant curieux
Voit un verre magique en miracles fertile,
Faire mouvoir, agir & parler à ses yeux
D'Acteurs inanimés, la figure mobile ;
Son transport n'égala l'ivresse de mes sens,
Quand je revis, le soir, la couche pacifique
Où le Sommeil, des Songes bienfaisans
M'avoit ouvert le théâtre magique.

Honteux d'avoir veillé , je prévins les inftans
Où la voix de Morphée au repos nous invite ;
Mais l'extrême defir de m'endormir bien vîte
Me tint , malgré moi-même , éveillé plus long-temps.
Mon œil enfin fe ferme. A ma timide vue
Le même Potentat revient s'offrir foudain :
Son front étinceloit , marqué d'un fceau Divin :
Il étoit plus fuperbe ; & pour fceptre , fa main
   D'Hercule portoit la maffue.
Son jeune bras fans doute eût fléchi fous le poids ;
  Mais la Sageffe accourant à la voix
De ce Titus Français , de ce nouvel Augufte ,
En foutenant fon bras , le rendit plus robufte :
  Car la Sageffe eft la force des Rois.

J'apperçus d'un côté , fous un front peu févere ,
  Cet intrépide Sénateur ,
  Du Sceau royal facré Dépofitaire ;
De l'autre , j'apperçus ce Neftor qui n'a guere
N'avoit follicité , modefte Bienfaiteur ,
Pour prix du bien qu'il fait , que le droit de le faire.
Je les ai vus , armés par le couroux des Dieux ,
Du Vice triomphant arrêter les conquêtes ;
  J'ai vu leurs pieds victorieux
D'une hydre rugiffante écrafer les cent têtes :
Tandis que , profternée aux marches d'un Autel ,

D'où l'encens s'exhaloit en colonne ondoyante,
On voyoit, l'œil humide & tourné vers le Ciel,
        Une Belle convalefcente :
      C'étoit la France ; elle invoquoit les Cieux
        Pour fon falut & pour fa gloire ;
Sur l'hydre elle appelloit la colere des Dieux,
        Et fur fes vengeurs, la Victoire.
        La Victoire entendit fa voix ;
Tout-à-coup agitant fes ailes étendues,
        Elle defcendit, & deux fois
Victoire tout-à-coup retentit dans les nues.

De ma bouche à mon tour même cri s'élança ;
Mais au bruit de ma voix s'entrouvrit ma paupiere,
Et du mot, que ma bouche en dormant commença,
J'acheve, en m'éveillant, la fyllabe derniere.

SONGE QUATRIEME.

Je vais conter ce Songe avec moins de plaisir ;
  Il est moins cher à ma mémoire :
  C'est par lui que j'ai vu finir
De ces faits enchanteurs l'allégorique histoire ;
  Et depuis (l'aurois-je dû croire ?)
  Nul Songe, hélas ! ne vient m'entretenir.
Dans mon néant, Sommeil, tu me replonges!
  Ce dernier Songe assurément,
  Je le confesse, est un Songe charmant ;
  Mais c'est le dernier de mes Songes.

  A mes regards, simple & majestueux
Un Temple prolongeoit son dôme fastueux.
A la porte, le Temps, vieillard qui, sur son aile,
  Emporte & nos biens & nos maux,
  Incorruptible sentinelle,
Agitoit dans les airs sa flamboyante faulx.
A la clarté des feux dont ce glaive étincelle,
  Au fond du Temple apparoît à mes yeux
  Clothon, cette aveugle Immortelle
  Qui, dans ses doigts capricieux,
Tient les jours des humains, soumis à sa tutelle.

Sur la quenouille , qu'à fon gré
    Arrangeoit la main de la Parque ,
Etoit écrit le nom du Sage révéré ,
Que j'avois vu trois fois affis près du Monarque ,
Las du rang dont jadis on l'a vu décoré.
    A côté de fa fœur cruelle
A qui le Roi des Dieux feroit en vain des loix ,
La fiere Lachéfis , fourde , aveugle comme elle ,
Fait bruire le fufeau qui tourne fous fes doigts.
Mais j'apperçus qu'alors le fil terne & fragile ,
Qui jadis , en quittant la quenouille immobile ,
Habilla fous fes doigts le tournoyant fufeau ,
Se recouvroit d'un fil & plus pur & plus beau ,
    Semblable à ceux qu'un infecte nous file
Prêt à s'environner de fon riche tombeau.

    Tout-à-coup le jeune Monarque
    Prenant une quenouille en main ,
Quenouille bien enflée , & de l'or le plus fin ,
    La dépofe aux mains de la Parque.
Que Lachéfis , dit-il , recommence à filer
Pour ce Sage autrefois en butte à fes caprices ;
    Qu'aux nouveaux jours qu'il va couler
Il trouve autant de gloire , avec plus de délices.
    Il dit : & cet ordre foudain
Eft confirmé par la voix du tonnerre :

Et pour lui notre Sage eut la voix du Destin ,
Le suffrage des Cieux , & les vœux de la Terre.

Tandis que par les yeux mon cœur est enivré ,
Je me sens assaillir d'un trouble involontaire :
  Je vois la Parque sanguinaire ,
  A qui le pouvoir fut remis
De couper de nos jours la trame passagere ;
  Mais je la vois assise & solitaire
Qui tient à ses côtés ses ciseaux endormis.
Dure , dure à jamais la paix qu'elle nous donne !
O Parque , si du sort tu dois suivre les loix ,
  Vas couper jusques sur le Trône
La trame des Tyrans ; mais respecte les Rois.
  Je disois. A ma vue errante ,
S'offre la Vérité d'un air mystérieux :
Elle sembloit tracer d'une main complaisante
Des mots qui , vus de loin , échappoient à mes yeux.
Je m'éveille , & je vois , plein de ces doux mensonges ,
Sur mon pupitre , écrits ces mots consolateurs :
TEL QUI , BIEN ÉVEILLÉ , NE VOIT QUE DES ERREURS ,
  VOIT LA VÉRITÉ DANS SES SONGES.

F I N.

DE L'IMPRIMERIE DE FR. AMB. DIDOT.

9 782329 669861